Impressum
Verlag: BABADADA GmbH, Nedderfeld 112 , 22529 Hamburg
Geschäftsführer / Verlagsleitung: Harald Hof
Druck: Books on Demand GmbH, In de Tarpen 42, 22848 Norderstedt

Imprint
Publisher: BABADADA GmbH, Nedderfeld 112 , 22529 Hamburg, Germany
Managing Director / Publishing direction: Harald Hof
Print: Books on Demand GmbH, In de Tarpen 42, 22848 Norderstedt

# kool

# colegio

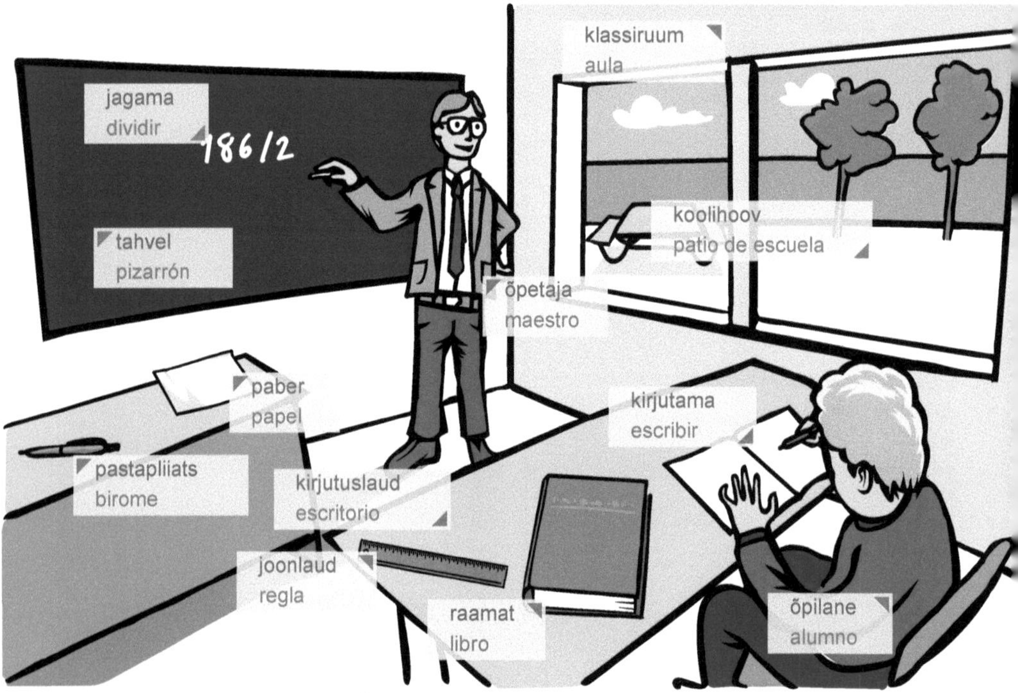
klassiruum
aula
jagama
dividir
186/2
tahvel
pizarrón
koolihoov
patio de escuela
õpetaja
maestro
paber
papel
kirjutama
escribir
pastapliiats
birome
kirjutuslaud
escritorio
joonlaud
regla
raamat
libro
õpilane
alumno

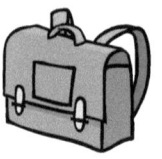

koolikott

mochila

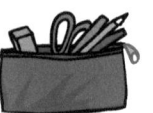

pinal

caja de lápices

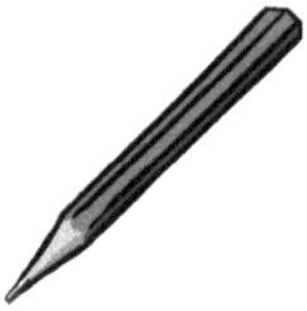

harilik pliiats

lápiz

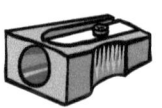

pliiatsiteritaja

sacapuntas

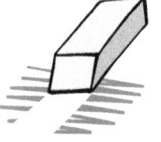

kustukumm

goma (de borrar)

joonistusplokk

bloc de dibujo

joonistus

dibujo

pintsel

pincel

värvikarp

caja de pinturas

käärid

tijera

liim

pegamento

töövihik

cuaderno de ejercicios

kodutöö

tarea

number

número

liitma

sumar

lahutama

restar

korrutama

multiplicar

arvutama

calcular

täht

letra

tähestik

abecedario

sõna

palabra

tekst

texto

lugema

leer

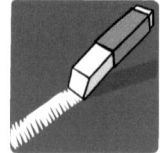

kriit

tiza

koolitund

lección

klassipäevik

cuaderno de clase

eksam

examen

tunnistus

certificado

koolivorm

uniforme escolar

haridus

educación

entsüklopeedia

enciclopedia

ülikool

universidad

mikroskoop

microscopio

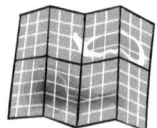

kaart

mapa

paberikorv

tacho (de basura)

# reisimine

# viaje

hotell
hotel
Grand
hostel
hostel
ROOMS
valuutavahetuspunkt
casa de cambio
kohver
valija
auto
auto


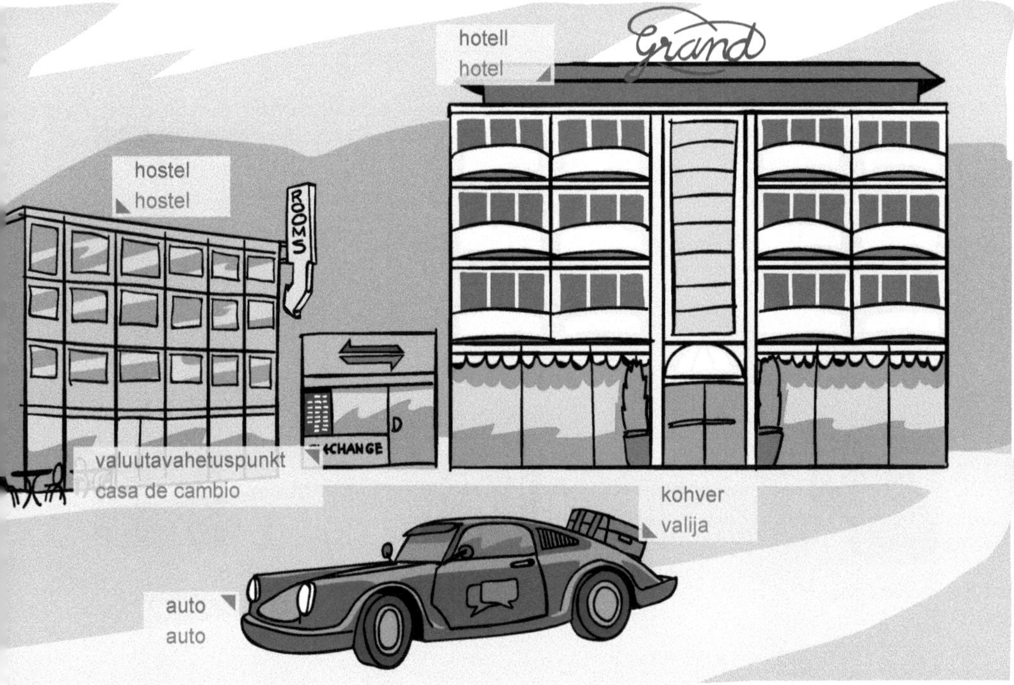

keel

idioma

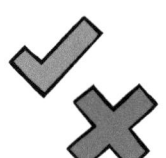

jah / ei

sí / no

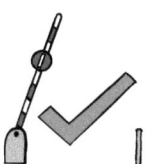

okei

Está bien

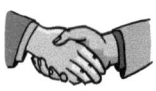

Tere!

hola

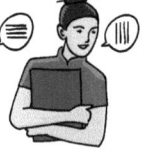

tõlk

traductor

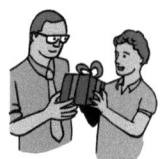

Aitäh!

Gracias

**Kui palju maksab …?**

¿cuánto cuesta…?

**Ma ei saa aru**

No entiendo

**probleem**

problema

**Tere õhtust!**

¡Buenas tardes!

**Tere hommikust!**

¡Buenos días!

**Head ööd!**

¡Buenas noches!

**Head aega!**

adiós

**suund**

dirección

**pagas**

equipaje

**kott**

bolso

**seljakott**

mochila

**külaline**

invitado

**tuba**

habitación

**magamiskott**

bolsa de dormir

**telk**

carpa

turismiinfo

información turística

rand

playa

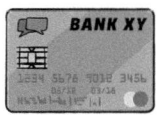

krediitkaart

tarjeta de crédito

hommikusöök

desayuno

lõunasöök

almuerzo

õhtusöök

cena

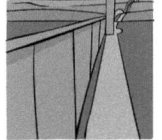

pilet

pasaje

lift

ascensor

postmark

sello

riigipiir

frontera

toll

aduana

saatkond

embajada

viisa

visa

pass

pasaporte

# transport
# transporte

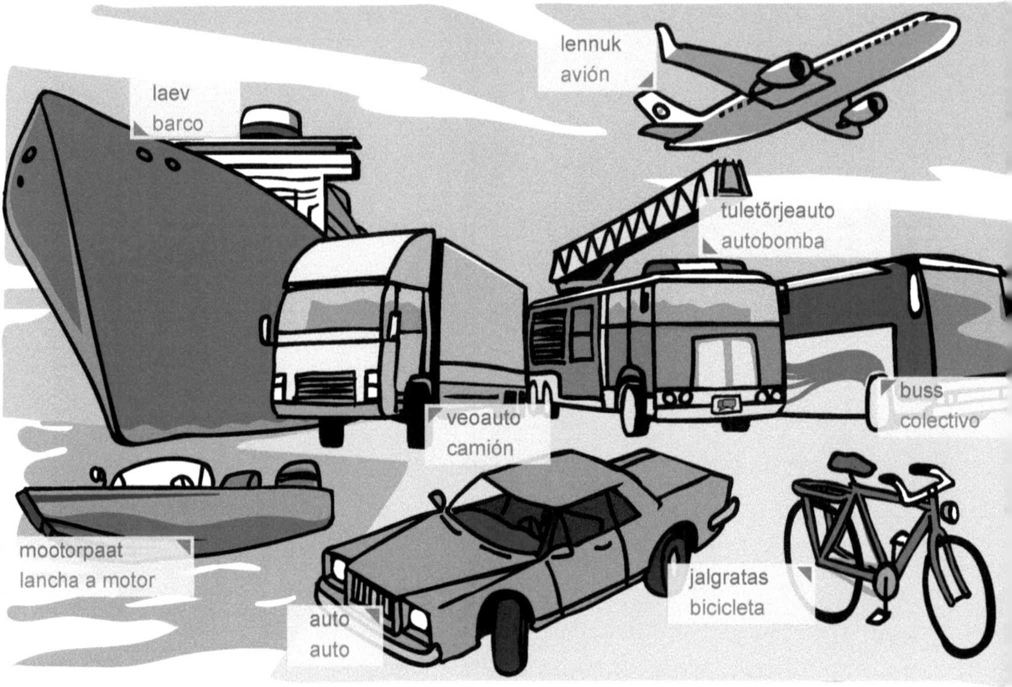
lennuk
avión
laev
barco
tuletõrjeauto
autobomba
buss
colectivo
veoauto
camión
mootorpaat
lancha a motor
jalgratas
bicicleta
auto
auto

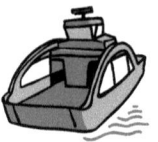

praam
ferry

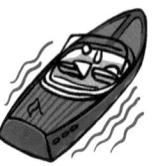

paat
bote

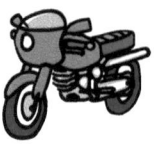

mootorratas
moto

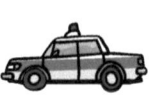

politseiauto
patrullero

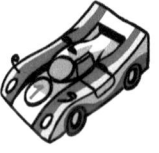

võidusõiduauto
auto de carreras

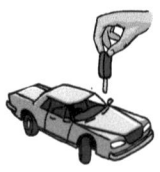

rendiauto
auto de alquiler

ühisauto

alquiler de autos

puksiirauto

grúa

prügiauto

camión de basura

mootor

motor

kütus

nafta

tankla

estación de servicio

liiklusmärk

señal de tránsito

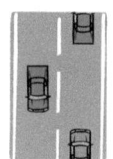

liiklus

tránsito

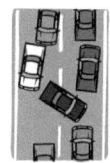

liiklusummik

embotellamiento

parkla

estacionamiento

raudteejaam

estación de tren

rööpad

vías

rong

tren

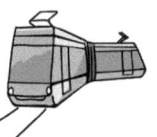

tramm

tranvía

vagun

vagón

helikopter

helicóptero

lennujaam

aeropuerto

torn

torre

reisija

pasajero

konteiner

contenedor

pappkast

caja de cartón

käru

carretilla

korv

canasta

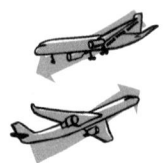

õhku tõusma / maanduma

despegar / aterrizar

## linn
## ciudad

küla

pueblo

kesklinn

centro de ciudad

maja

casa

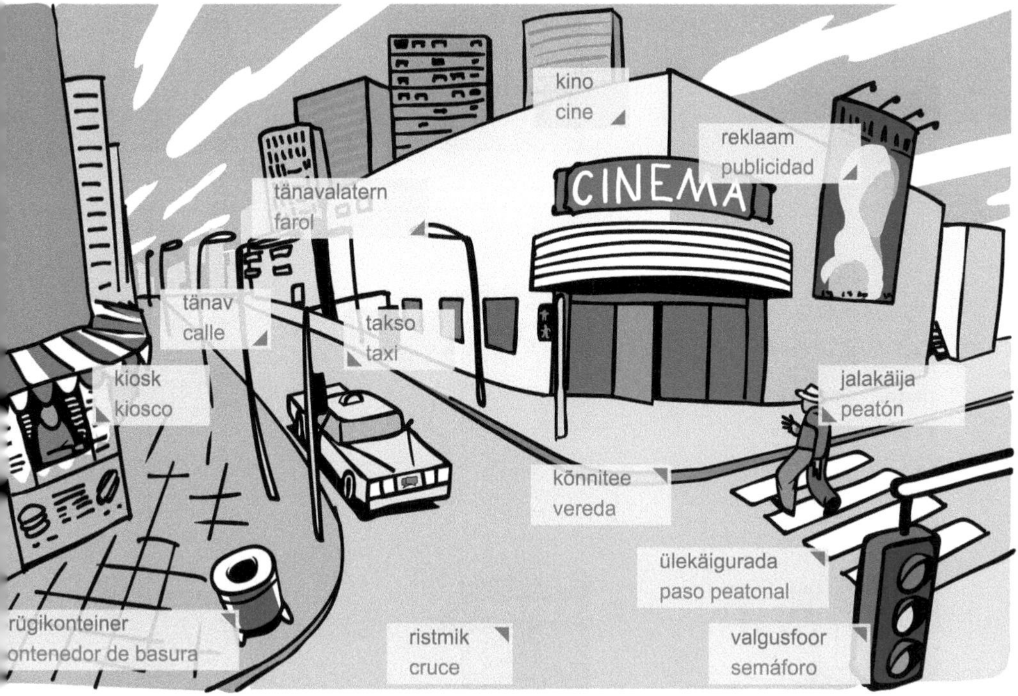

kino
cine

reklaam
publicidad

tänavalatern
farol

CINEMA

tänav
calle

takso
taxi

kiosk
kiosco

jalakäija
peatón

kõnnitee
vereda

ülekäigurada
paso peatonal

rügikonteiner
ontenedor de basura

ristmik
cruce

valgusfoor
semáforo

osmik
cabaña

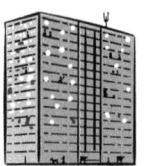

kortermaja
departamento

raudteejaam
estación de tren

raekoda
municipalidad

muuseum
museo

kool
colegio

ülikool

universidad

pank

banco

haigla

hospital

hotell

hotel

apteek

farmacia

kontor

oficina

raamatupood

librería

kauplus

negocio

lillepood

florería

supermarket

supermercado

turg

mercado

kaubamaja

grandes tiendas

kalapood

pescadería

kaubanduskeskus

centro comercial

sadam

puerto

park
parque

pink
banco

sild
puente

trepp
escaleras

metroo
subte

tunnel
túnel

bussipeatus
parada del colectivo

baar
bar

restoran
restaurante

postkast
buzón

tänavasilt
letrero

parkimisautomaat
parquímetro

loomaaed
zoológico

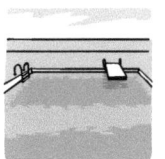

ujula
pileta

mošee
mezquita

talu
granja

reostus
contaminación

surnuaed
cementerio

kirik
iglesia

mänguväljak
juegos infantiles

tempel
templo

## maastik
## paisaje

leht
hoja

teeviit
poste indicador

tee
camino

aas
pradera

kivi
piedra

puu
árbol

matkaja
excursionista

jõgi
río

rohi
hierba

lill
flor

org
valle

mägi
montaña

järv
lago

mets
bosque

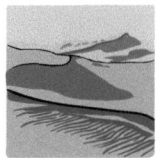

kõrb
desierto

vulkaan
volcán

linnus
castillo

vikerkaar
arco iris

seen
champiñón

palm
palmera

sääsk
mosquito

kärbes
mosca

sipelgas
hormiga

mesilane
abeja

ämblik
araña

mardikas

escarabajo

konn

rana

orav

ardilla

siil

erizo

jänes

liebre

öökull

lechuza

lind

pájaro

luik

cisne

metssiga

jabalí

hirv

ciervo

põder

alce

pais

presa

tuuleturbiin

aerogenerador

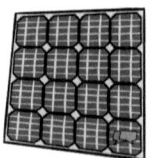

päikesepaneel

panel solar

kliima

clima

# restoran

## restaurante

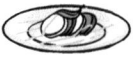

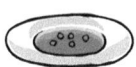

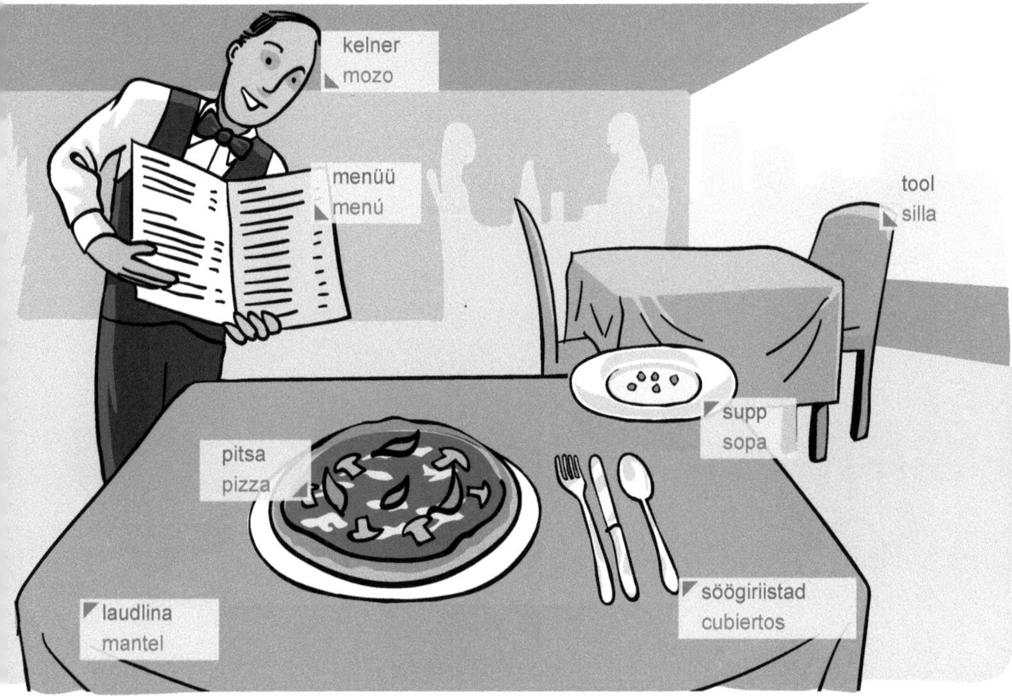

kelner
mozo
menüü
menú
tool
silla
supp
sopa
pitsa
pizza
söögiriistad
cubiertos
laudlina
mantel


eelroog

entrada

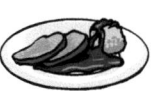

pearoog

plato principal

magustoit

postre

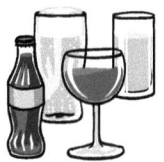

joogid

bebidas

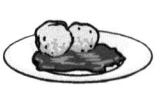

toit

comida

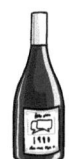

pudel

botella

kiirtoit

comida rápida

tänavatoit

comida callejera

teekann

tetera

suhkrutoos

azucarera

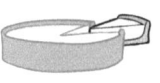

portsjon

porción

espressomasin

cafetera expreso

lastetool

sillita alta

arve

cuenta

kandik

bandeja

nuga

cuchillo

kahvel

tenedor

lusikas

cuchara

teelusikas

cucharita

salvrätik

servilleta

klaas

vaso

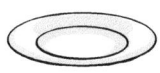

taldrik
plato

supitaldrik
plato hondo

alustass
plato

kaste
salsa

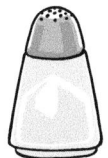

soolatoos
salero

pipraveski
molinillo de pimienta

äädikas
vinagre

õli
aceite

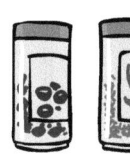

vürtsid
especias

ketšup
kétchup

sinep
mostaza

majonees
mayonesa

# supermarket
# supermercado

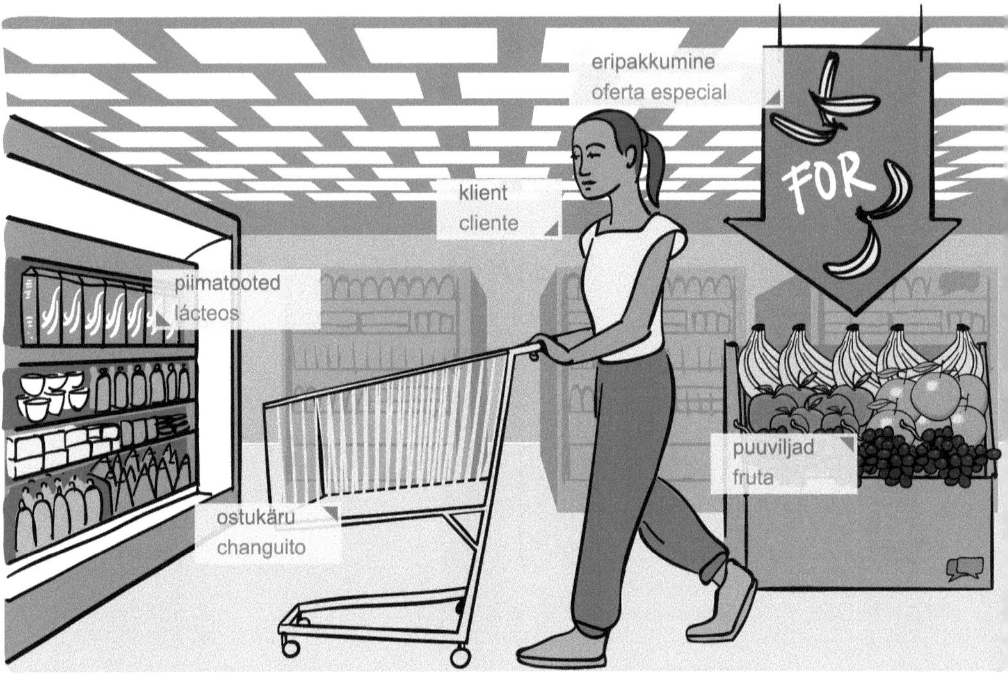

eripakkumine
oferta especial
FOR
klient
cliente
piimatooted
lácteos
puuviljad
fruta
ostukäru
changuito

BUTCHERS

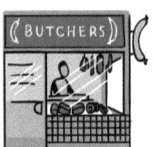

lihapood

carnicería

BAKERY

pagariäri

panadería

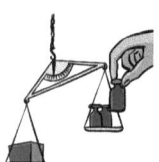

kaaluma

pesar

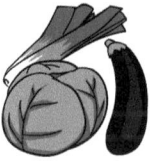

köögiviljad

verduras

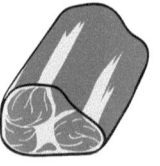

liha

carne

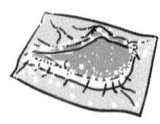

külmutatud toit

alimentos congelados

**lihalõigud**
fiambres

**konservid**
alimentos enlatados

**pesupulber**
detergente en polvo

**maiustused**
golosinas

**majatarbed**
electrodomésticos

**puhastustooted**
productos de limpieza

**müüja**
vendedora

**kassaaparaat**
caja

**kassapidaja**
cajero

**ostunimekiri**
lista de compras

**lahtiolekuajad**
horario de atención

**rahakott**
billetera

**krediitkaart**
tarjeta de crédito

**kott**
cartera

**kilekott**
bolsa de plástico

vesi

agua

mahl

jugo

piim

leche

koola

bebida cola

vein

vino

õlu

cerveza

alkohol

alcohol

kakao

cacao

tee

té

kohv

café

espresso

café expreso

cappuccino

cappuccino

banan
banana

õun
manzana

apelsin
naranja

arbuus
melón

sidrun
limón

porgand
zanahoria

küüslauk
ajo

bambus
bambú

sibul
cebolla

seen
champiñón

pähklid
nueces

nuudlid
fideos

spagetid

tallarines

riis

arroz

salat

ensalada

friikartulid

papas fritas

praekartulid

papas fritas

pitsa

pizza

hamburger

hamburguesa

võileib

sándwich

šnitsel

churrasco

sink

jamón

salaami

salame

vorst

salchicha

kana

pollo

praeliha

asado

kala

pescado

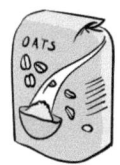

kaerahelbed

copos de avena

müsli

muesli

maisihelbed

copos de maíz

jahu

harina

sarvesai

medialuna

kukkel

pancito

leib

pan

röstsai

tostada

küpsised

galletitas

või

manteca

kohupiim

cuajada

kook

torta

muna

huevo

praemuna

huevo frito

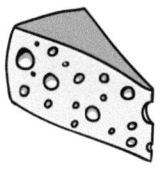

juust

queso

jäätis

helado

suhkur

azúcar

mesi

miel

moos

mermelada

pähklivõie

pasta de chocolate

karri

curry

toit - comida

# talu
# granja

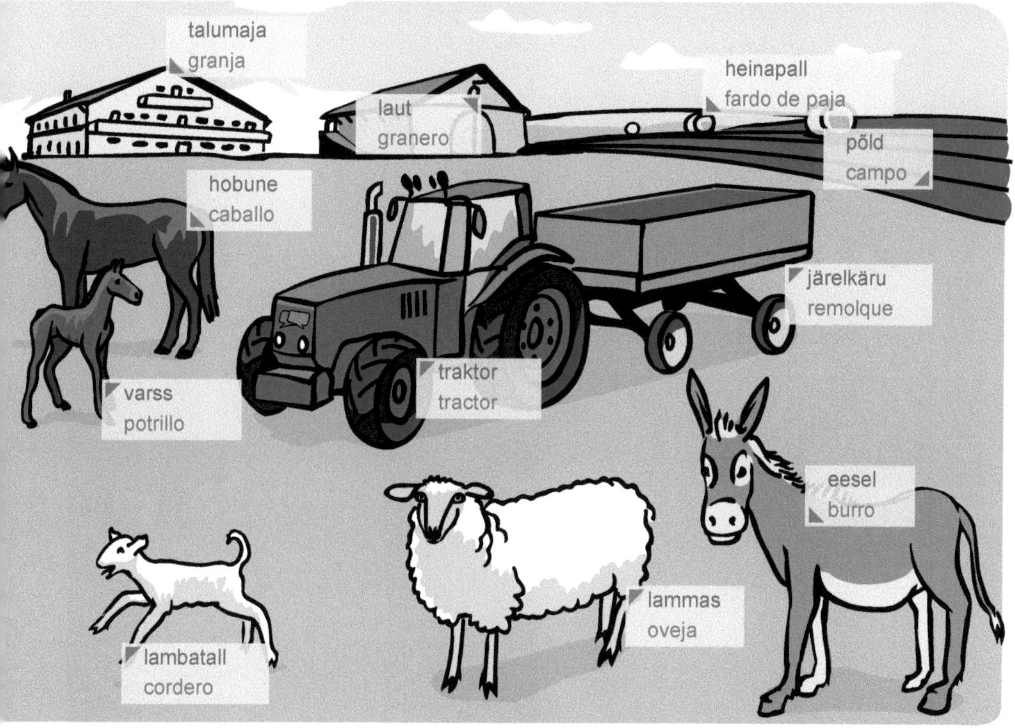
talumaja
granja
laut
granero
heinapall
fardo de paja
põld
campo
hobune
caballo
järelkäru
remolque
traktor
tractor
varss
potrillo
eesel
burro
lammas
oveja
lambatall
cordero

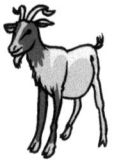

kits

cabra

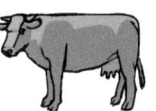

lehm

vaca

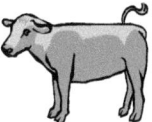

vasikas

ternero

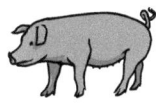

siga

cerdo

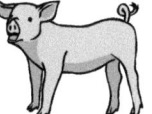

põrsas

lechón

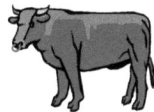

pull

toro

hani
ganso

part
pato

tibu
pollo

kana
gallina

kukk
gallo

rott
rata

kass
gato

hiir
ratón

härg
buey

koer
perro

koerakuut
cucha

aiavoolik
manguera

kastekann
regadera

vikat
guadaña

ader
arado

sirp
hoz

kõblas
azada

hang
horquilla

kirves
hacha

käru
carretilla

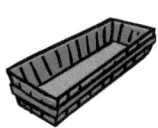

küna
abrevadero

piimanõu
lechera

kott
bolsa

tara
reja

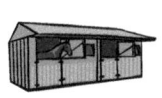

tall
establo

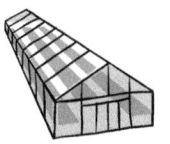

kasvuhoone
invernadero

muld
suelo

seeme
semilla

väetis
fertilizador

kombain
cosechadora

saaki koristama

cosechar

saagikoristus

cosecha

jamss

batatas

nisu

trigo

soja

soja

kartul

papa

mais

maíz

raps

semilla de colza

viljapuu

árbol frutal

maniokk

mandioca

teravili

cereales

# maja
# casa

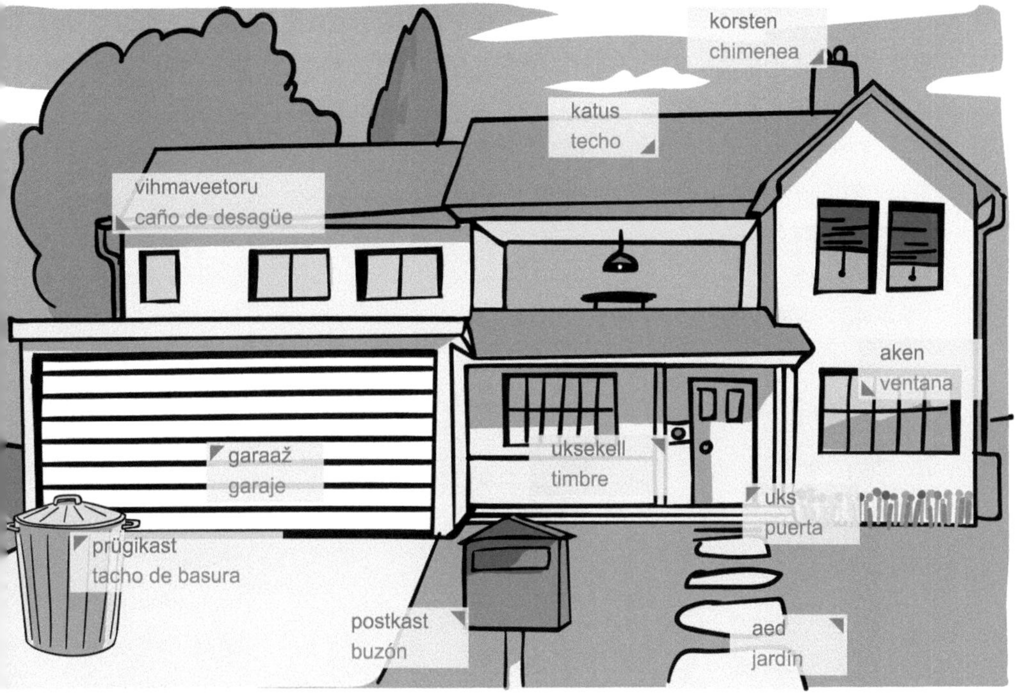
korsten
chimenea
katus
techo
vihmaveetoru
caño de desagüe
aken
ventana
garaaž
garaje
uksekell
timbre
uks
puerta
prügikast
tacho de basura
postkast
buzón
aed
jardín

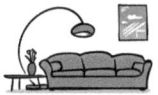

elutuba

living

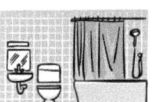

vannituba

baño

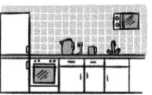

köök

cocina

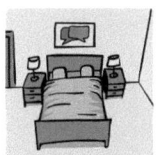

magamistuba

dormitorio

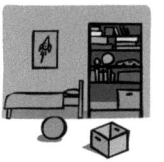

lastetuba

cuarto de los chicos

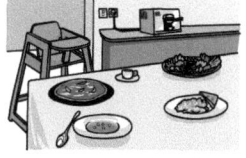

söögituba

comedor

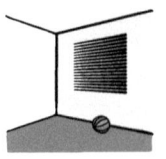

põrand

piso

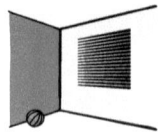

sein

pared

lagi

cielorraso

kelder

sótano

saun

sauna

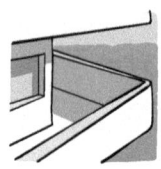

rõdu

balcón

terrass

terraza

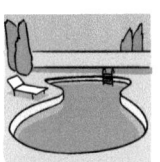

bassein

pileta

muruniiduk

cortadora de pasto

voodilina

sábana

päevatekk

acolchado

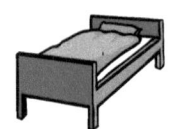

voodi

cama

luud

escoba

ämber

balde

lüliti

interruptor

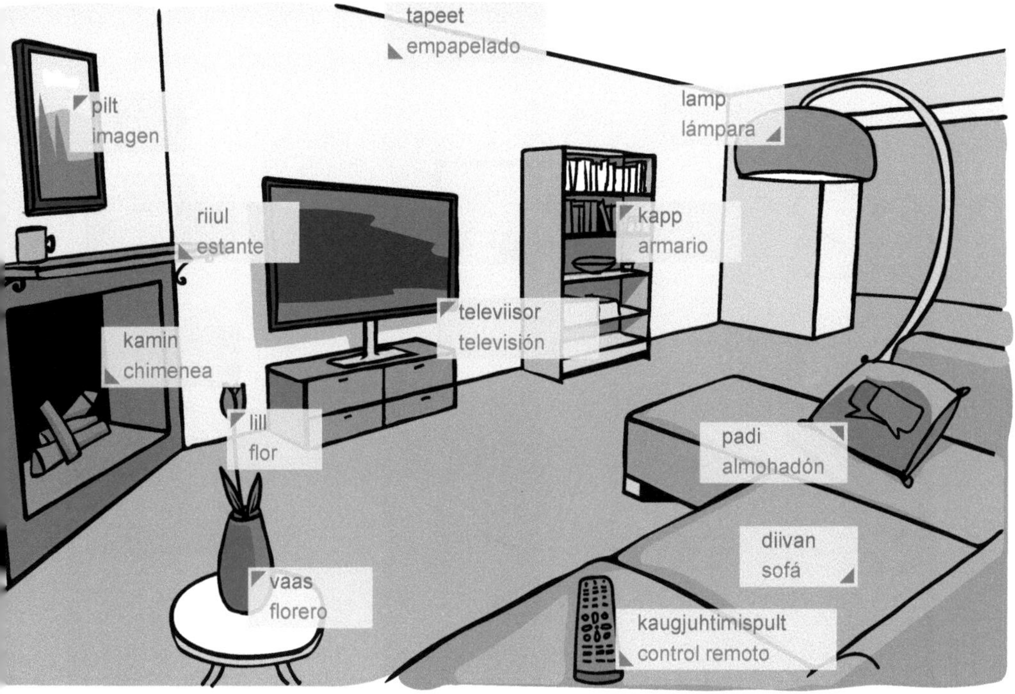

tapeet
empapelado

pilt
imagen

lamp
lámpara

riiul
estante

kapp
armario

kamin
chimenea

televiisor
televisión

lill
flor

padi
almohadón

diivan
sofá

vaas
florero

kaugjuhtimispult
control remoto

vaip
alfombra

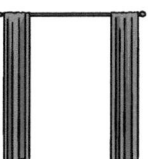

kardin
cortina

laud
mesa

tool
silla

kiiktool
mecedora

tugitool
sillón

raamat
libro

tekk
frazada

kaunistus
decoración

küttepuud
leña

film
película

helisüsteem
equipo de música

võti
llave

ajaleht
diario

maal
pintura

plakat
póster

raadio
radio

märkmik
cuaderno

tolmuimeja
aspiradora

kaktus
cactus

küünal
vela

elutuba - living

# köök
# cocina

külmik
heladera
mikrolaineahi
microondas
köögikaal
balanza de cocina
röster
tostadora
pesuvahend
detergente
ahi
horno
sügavkülmik
freezer
prügikast
tacho de basura
nõudepesumasin
lavaplatos


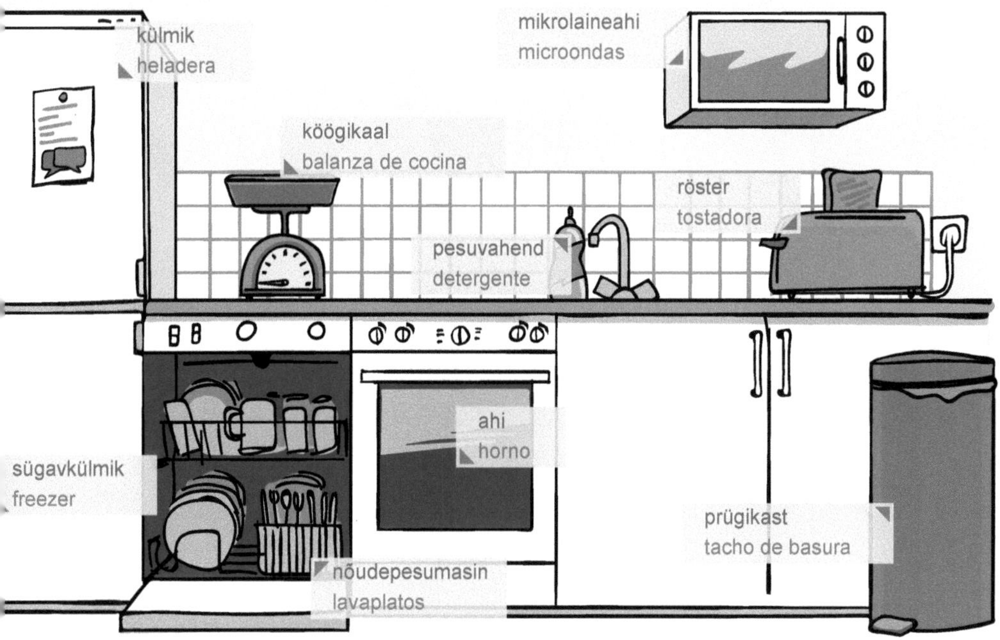

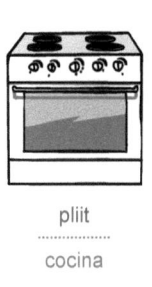

pliit
cocina

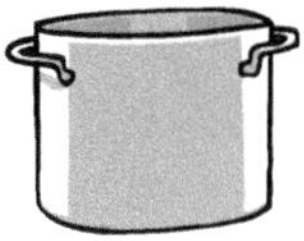

pott
olla

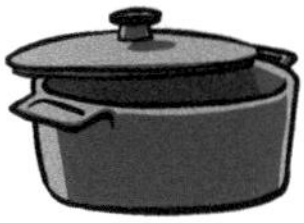

malmpott
olla de hierro fundido

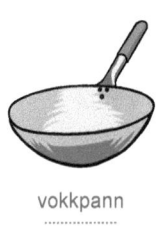

vokkpann
wok

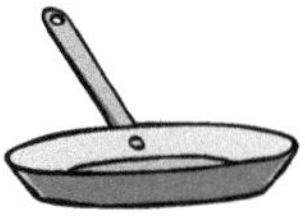

pann
sartén

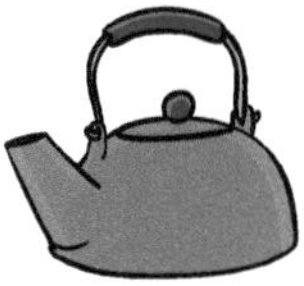

veekeetja
pava

aurutaja

vaporera

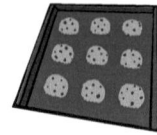

küpsetusplaat

bandeja de horno

lauanõud

vajilla

kruus

taza

kauss

bol

söögipulgad

palitos

kulp

cucharón

pannilabidas

estpátula

vispel

batidora

kurn

colador

sõel

colador

riiv

rallador

uhmer

mortero

grill

parrilla

lahtine tuli

fogata

lõikelaud

tabla de picar

tainarull

palo de amasar

korgitser

sacacorchos

konservipurk

lata

konserviavaja

abrelatas

pajakinnas

manopla

kraanikauss

pileta

hari

cepillo

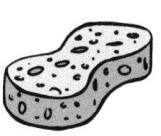

pesukäsn

esponja

kannmikser

batidora

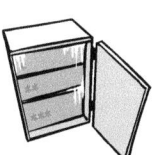

sügavkülmuti

congelador

lutipudel

mamadera

segisti

canilla

# vannituba
# baño

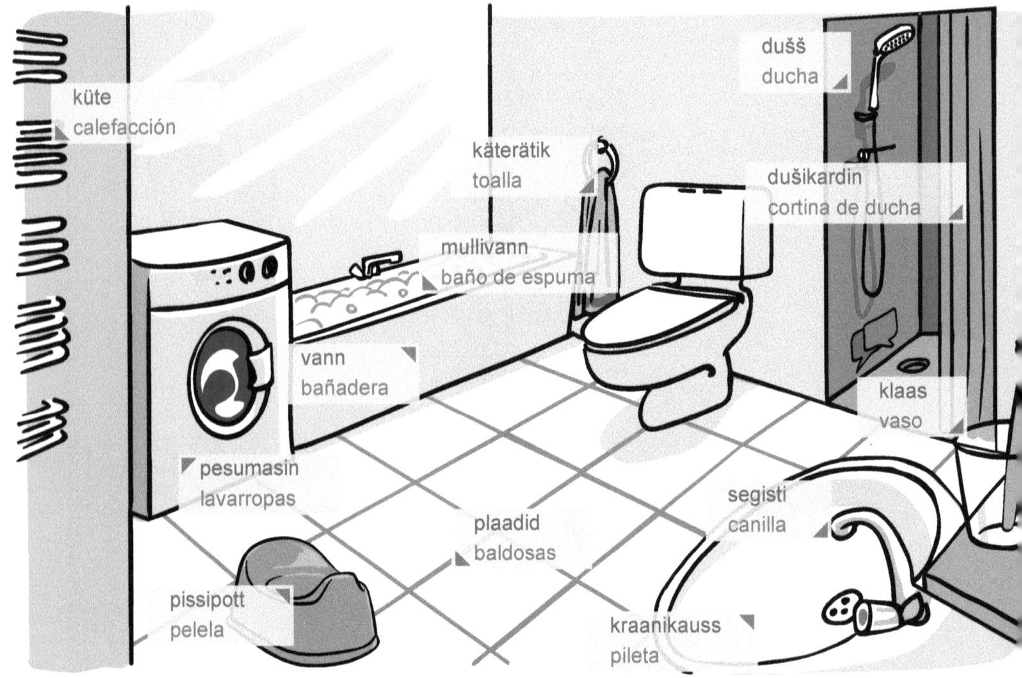

küte
calefacción
käterätik
toalla
dušš
ducha
dušikardin
cortina de ducha
mullivann
baño de espuma
vann
bañadera
klaas
vaso
pesumasin
lavarropas
segisti
canilla
plaadid
baldosas
pissipott
pelela
kraanikauss
pileta


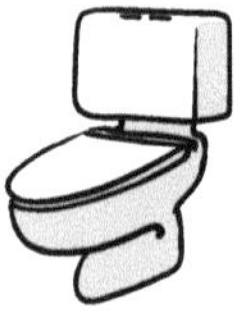

WC-pott
inodoro

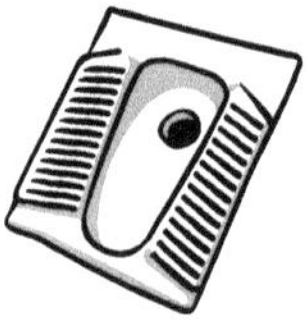

kükitamistualett
letrina

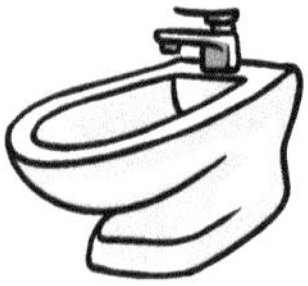

bidee
bidé

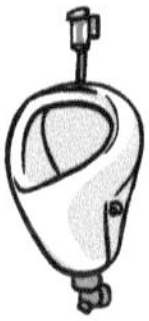

pissuaar
mingitorio

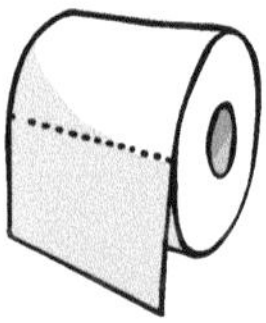

tualettpaber
papel higiénico

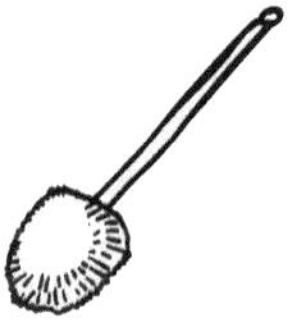

WC-hari
cepillo para el inodoro

**hambahari**

cepillo de dientes

**hambapasta**

dentífrico

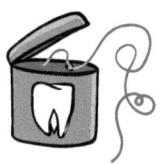

**hambaniit**

hilo dental

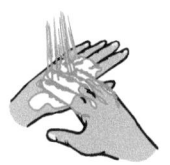

**pesema**

lavar

**käsidušš**

ducha de mano

**intiimdušš**

ducha higiénica

**pesukauss**

palangana

**seljahari**

cepillo para espalda

**seep**

jabón

**dušigeel**

gel de ducha

**šampoon**

shampoo

**vamm**

toallita

**äravool**

desagüe

**kreem**

crema

**deodorant**

desodorante

peegel

espejo

käsipeegel

espejito

habemenuga

maquinita de afeitar

raseerimisvaht

espuma de afeitar

habemevesi

aftershave

kamm

peine

hari

cepillo

föön

secador de pelo

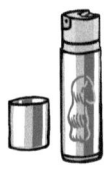

juukselakk

spray

meigikomplekt

maquillaje

huulepulk

lápiz de labios

küünelakk

esmalte para uñas

vatt

algodón

küünekäärid

tijera para uñas

parfüüm

perfume

tualett-tarvete kott

portacosméticos

taburet

banqueta

kaal

balanza

hommikumantel

bata

kummikindad

guantes de goma

tampoon

tampón

hügieeniside

toallita femenina

keemiline tualett

baño químico

# lastetuba

## cuarto de los chicos

äratuskell
despertador
pehme mänguasi
peluche
mänguauto
coche de juguete
kõristi
sonajero
nukumaja
casa de muñecas
kingitus
regalo


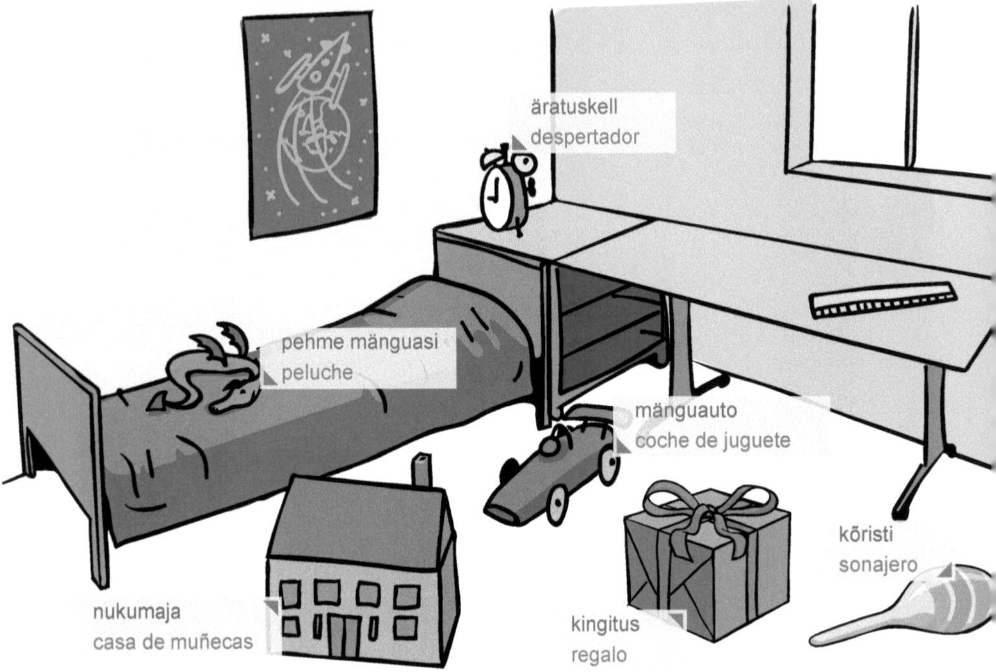

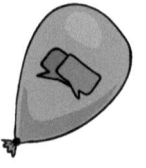

õhupall

globo

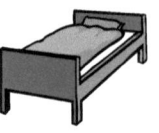

voodi

cama

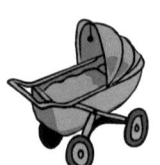

lapsevanker

cochecito

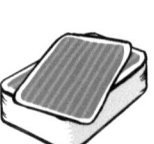

kaardipakk

cartas

pusle

rompecabezas

SUPER
MEGA


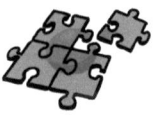

koomiks

historieta

Lego klotsid

piezas de lego

klotsid

ladrillos de juguete

kujuke

figura de acción

siputuspüksid

enterito (de bebé)

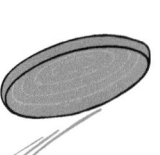

lendav taldrik

frisbee

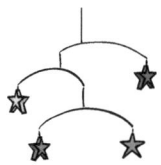

voodikarussell

móvil para bebés

lauamäng

juego de mesa

täringud

dados

mudelrong

tren eléctrico

lutt

chupete

pidu

fiesta

pildiraamat

libro de cuentos ilustrado

pall

pelota

nukk

muñeca

mängima

jugar

liivakast

arenero

kiik

hamaca

mänguasjad

juguetes

mängukonsool

consola de videojuegos

kolmerattaline jalgratas

triciclo

mängukaru

osito de peluche

riidekapp

armario

## riietus

## ropa

sokid

medias

sukad

medias panty

sukkpüksid

calzas

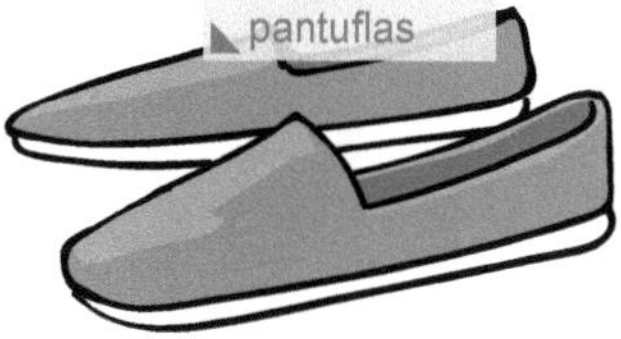

sall
bufanda

vihmavari
paraguas

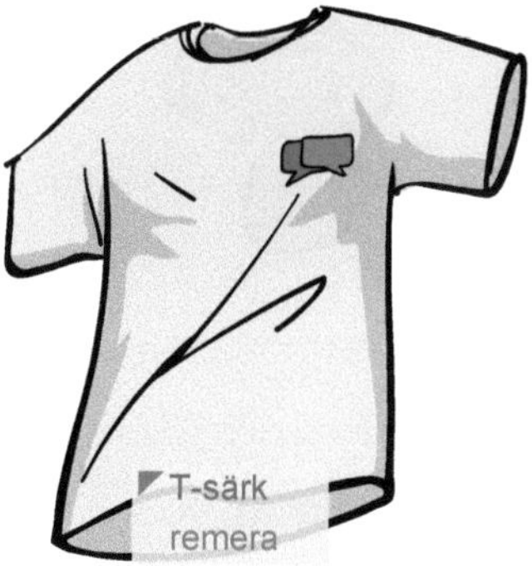

vöö
cinturón

T-särk
remera

saapad
botas

sussid
pantuflas

tossud
zapatillas

sandaalid
sandalias

jalatsid
zapatos

kummikud
botas de goma

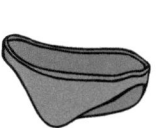

aluspüksid
ropa interior

rinnahoidja
corpiño

vest
chaleco

bodi
body

püksid
pantalones

teksapüksid
jeans

seelik
pollera

pluus
blusa

särk
camisa

sviiter
pulóver

dressipluus
buzo

bleiser
blazer

jakk
campera

mantel
tapado

vihmamantel
piloto

kostüüm
traje

kleit
vestido

pulmakleit
vestido de novia

ülikond
traje

öösärk
camisón

pidžaama
pijama

sari
sari

pearätt
pañuelo para cabeza

turban
turbante

burka
burka

kaftan
caftán

abayah
abaya

ujumistrikoo
traje de baño

ujumispüksid
short de baño

lühikesed püksid
shorts

dressid
jogging

põll
delantal

kindad
guantes

nööp

botón

prillid

anteojos

käevõru

pulsera

kaelakee

collar

sõrmus

anillo

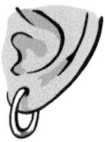

kõrvarõngas

aro

nokamüts

gorra

riidepuu

percha

kaabu

sombrero

lips

corbata

tõmblukk

cierre

kiiver

casco

traksid

tiradores

koolivorm

uniforme escolar

vormirõivad

uniforme

pudipõll

babero

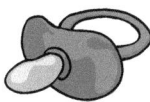

lutt

chupete

mähe

pañal

## kontor
## oficina

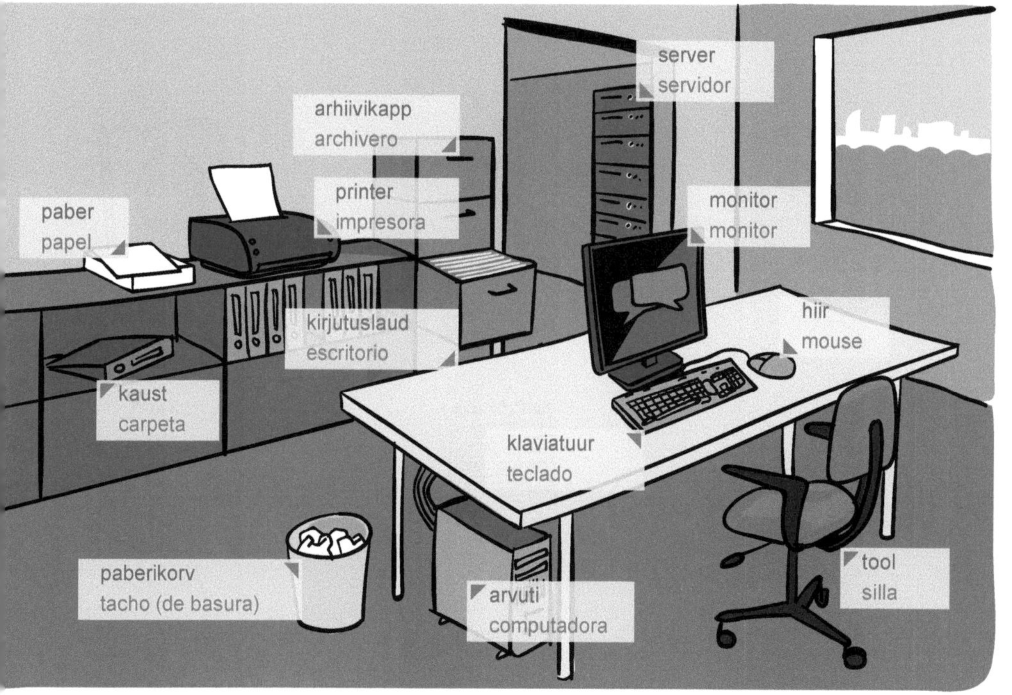

server
servidor

arhiivikapp
archivero

printer
impresora

monitor
monitor

paber
papel

kirjutuslaud
escritorio

hiir
mouse

kaust
carpeta

klaviatuur
teclado

paberikorv
tacho (de basura)

arvuti
computadora

tool
silla

kohvikruus

taza de café

kalkulaator

calculadora

internet

internet

sülearvuti

laptop

kiri

carta

sõnum

mensaje

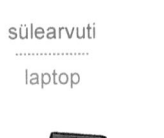

mobiiltelefon

celular

võrk

red

koopiamasin

fotocopiadora

tarkvara

software

telefon

teléfono

pistikupesa

tomacorriente

faksimasin

fax

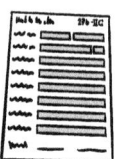

vorm

formulario

dokument

documento

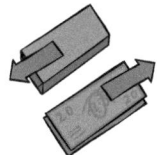

ostma
comprar

maksma
pagar

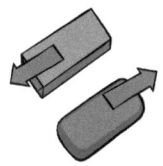

vahetama
hacer negocios

raha
dinero

**USD**

dollar
dólar

**EUR**

euro
euro

**JPY**

jeen
yen

**RUB**

rubla
rublo

**CHF**

Šveitsi frank
franco suizo

**CNY**

renminbi jüaan
yuan

**INR**

ruupia
rupia

sularahaautomaat
cajero automático

valuutavahetuspunkt

casa de cambio

kuld

oro

hõbe

plata

nafta

petróleo

energia

energía

hind

precio

leping

contrato

maks

impuesto

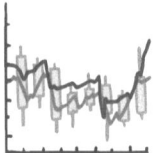

aktsia

acción

töötama

trabajar

töötaja

empleado

tööandja

empleador

tehas

fábrica

kauplus

negocio

politseinik
policía

tuletõrjuja
bombero

kokk
cocinero

arst
médico

piloot
piloto

aednik

jardinero

puusepp

carpintero

õmbleja

modista

kohtunik

juez

keemik

farmacéutico

näitleja

actor

bussijuht

colectivero

taksojuht

taxista

kalamees

pescador

koristaja

mucama

katusepaigaldaja

techista

kelner

mozo

jahimees

cazador

maaler

pintor

pagar

panadero

elektrik

electricista

ehitaja

albañil

insener

ingeniero

lihunik

carnicero

torumees

plomero

postiljon

cartero

sõdur
soldado

arhitekt
arquitecto

kassapidaja
cajero

lillemüüja
florista

juuksur
peluquero

piletikontrolör
cobrador

mehaanik
mecánico

kapten
capitán

hambaarst
dentista

teadlane
científico

rabi
rabino

imaam
imán

munk
monje

preester
sacerdote

# tööriistad

# herramientas

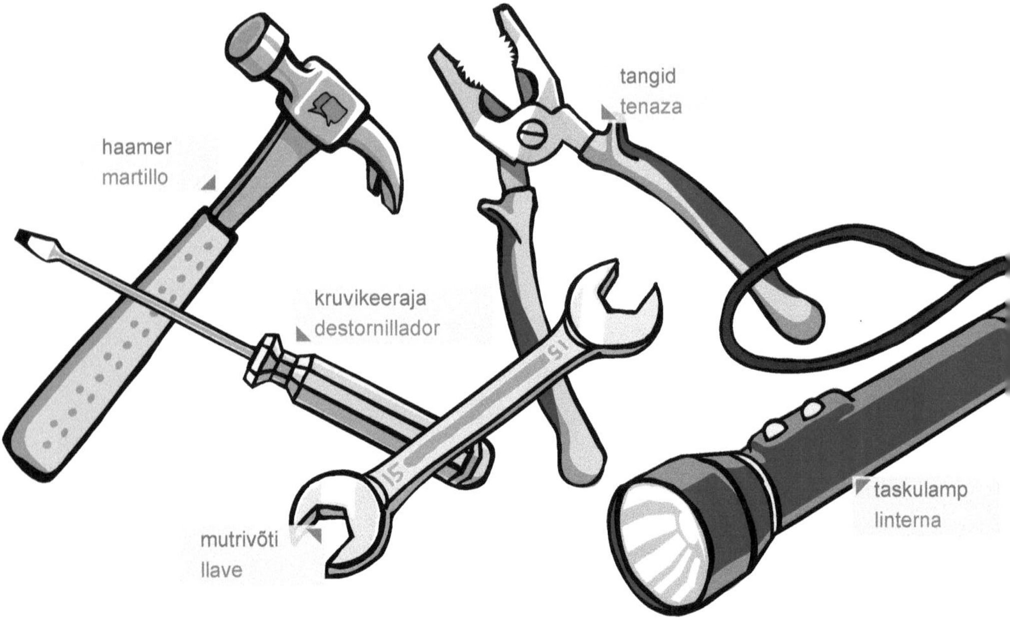

tangid
tenaza
haamer
martillo
kruvikeeraja
destornillador
taskulamp
linterna
mutrivõti
llave


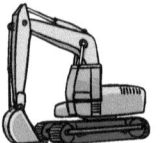

ekskavaator

excavadora

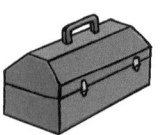

tööriistakast

caja de herramientas

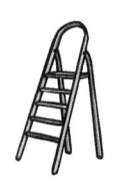

redel

escalera portátil

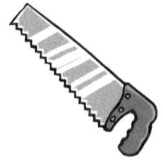

saag

sierra

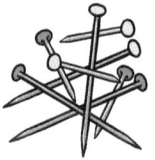

naelad

clavos

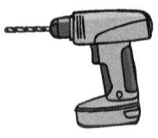

trell

taladro

parandama
arreglar

labidas
pala de jardín

Põrgusse!
¡Qué bronca!

kühvel
pala de plástico

värvipott
tacho de pintura

kruvid
tornillos

## pillid
## instrumentos musicales

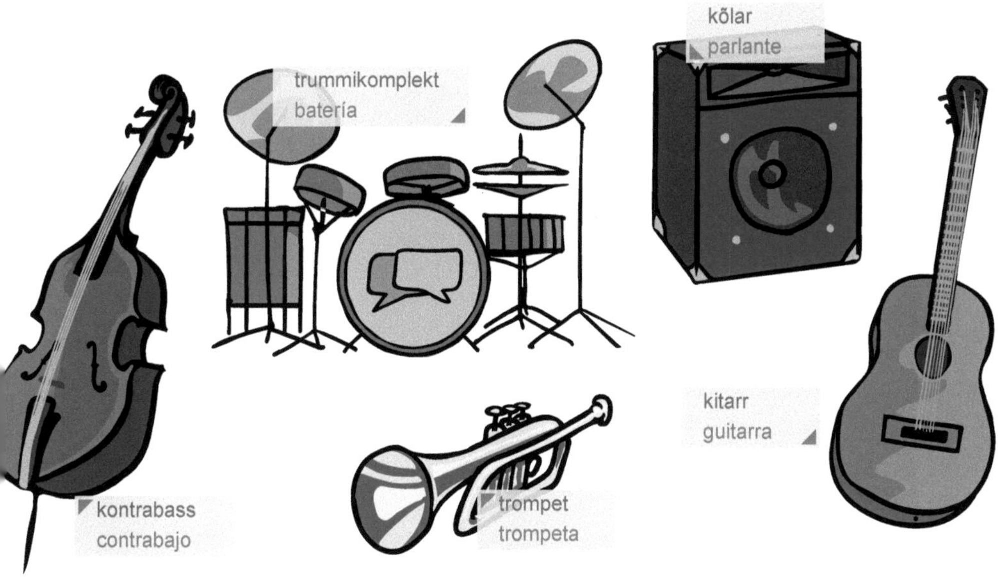

kõlar
parlante

trummikomplekt
batería

kitarr
guitarra

kontrabass
contrabajo

trompet
trompeta

klaver

piano

viiul

violín

bass

bajo

timpan

timbales

trummid

tambor

süntesaator

teclado

saksofon

saxofón

flööt

flauta

mikrofon

micrófono

# loomaaed

# zoológico

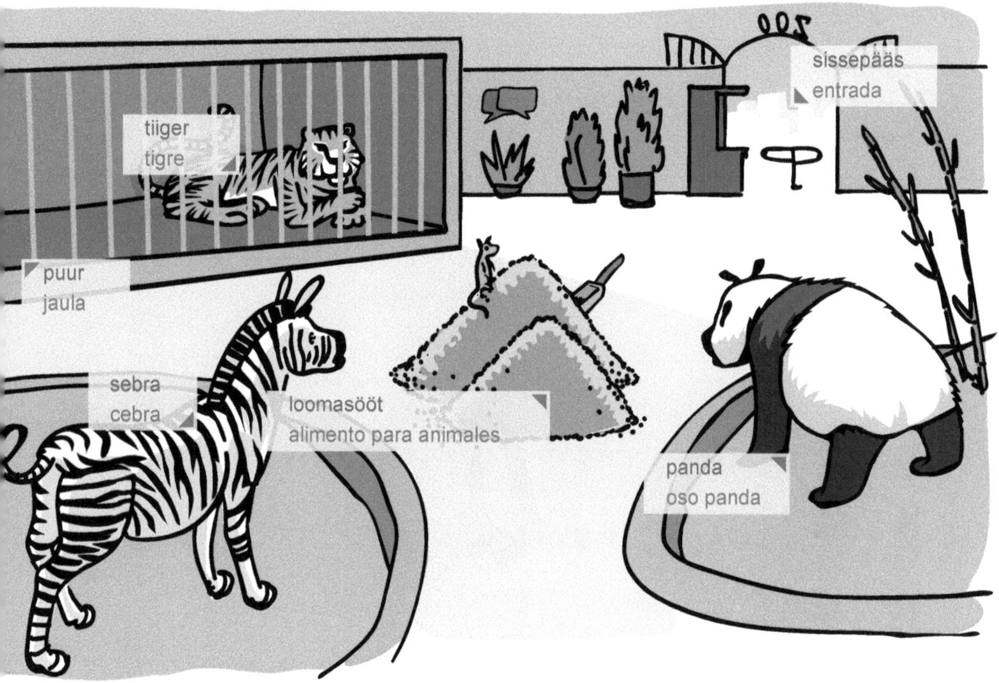

tiiger
tigre
sissepääs
entrada
puur
jaula
sebra
cebra
loomasööt
alimento para animales
panda
oso panda


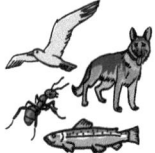

loomad

animales

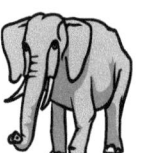

elevant

elefante

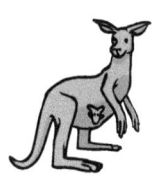

känguru

canguro

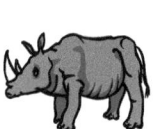

ninasarvik

rinoceronte

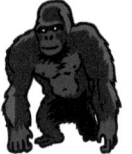

gorilla

gorila

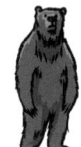

karu

oso

kaamel

camello

jaanalind

avestruz

lõvi

león

ahv

mono

flamingo

flamenco

papagoi

loro

jääkaru

oso polar

pingviin

pingüino

hai

tiburón

paabulind

pavo real

madu

serpiente

krokodill

cocodrilo

loomaaiatalitaja

cuidador del zoológico

hüljes

foca

jaaguar

jaguar

poni
poni

leopard
leopardo

jõehobu
hipopótamo

kaelkirjak
jirafa

kotkas
águila

metssiga
jabalí

kala
pescado

kilpkonn
tortuga

morsk
morsa

rebane
zorro

gasell
gacela

Ameerika jalgpall
fútbol americano

jalgrattasõit
ciclismo

tennis
tenis

korvpall
básquet

ujumine
natación

poksimine
boxeo

jäähoki
hockey sobre hielo

jalgpall
fútbol

sulgpall
bádminton

kergejõustik
atletismo

käsipall
handball

suusatamine
esquí

polo
polo

# tegevused
# actividades

naerma
reír
hüppama
saltar
kallistama
abrazar
jalutama
caminar
laulma
cantar
unistama
soñar
palvetama
rezar
suudlema
besar


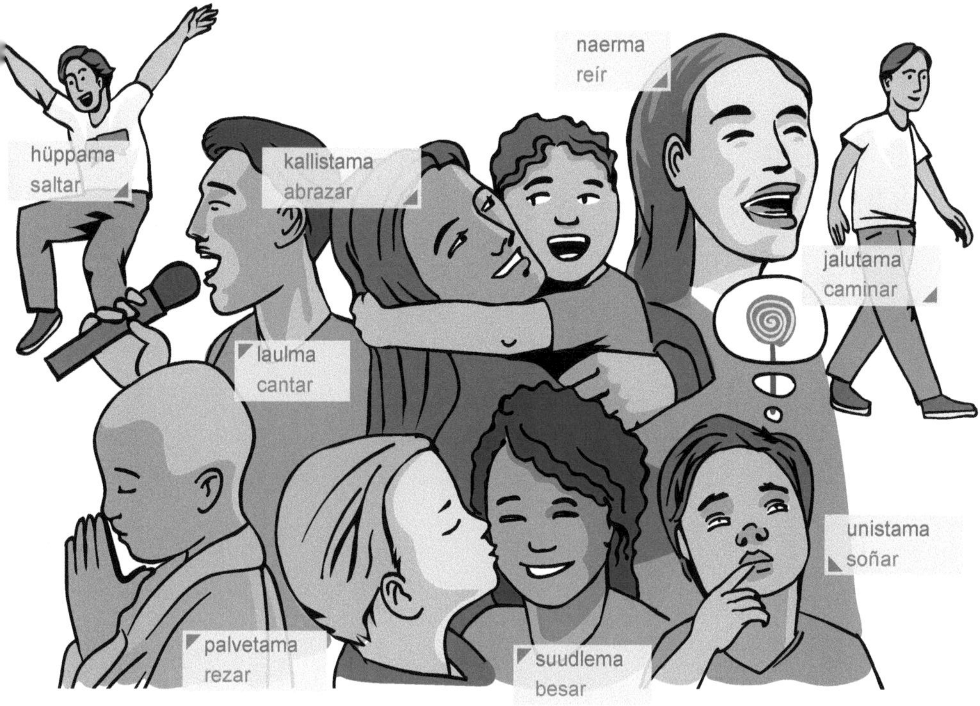

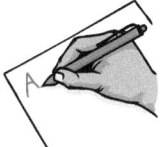

kirjutama

escribir

joonistama

dibujar

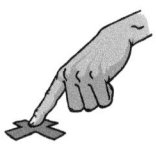

näitama

mostrar

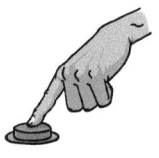

lükkama

presionar

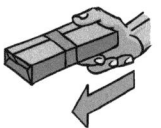

andma

dar

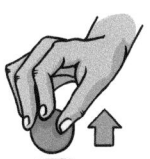

võtma

tomar

omama

tener

tegema

hacer

olema

ser

seisma

estar parado

jooksma

correr

tõmbama

tirar

viskama

tirar

kukkuma

caer

lamama

estar acostado

ootama

esperar

kandma

llevar

istuma

estar sentado

riidesse panema

vestirse

magama

dormir

ärkama

despertar

| | | |
|---|---|---|
|  |  |  |
| vaatama<br>mirar | nutma<br>llorar | paitama<br>acariciar |
|  |  |  |
| kammima<br>peinar | rääkima<br>hablar | aru saama<br>entender |
|  |  |  |
| küsima<br>preguntar | kuulama<br>escuchar | jooma<br>beber |
|  |  |  |
| sööma<br>comer | korrastama<br>ordenar | armastama<br>amar |
|  |  |  |
| süüa tegema<br>cocinar | sõitma<br>manejar | lendama<br>volar |

purjetama

navegar

arvutama

calcular

lugema

leer

õppima

aprender

töötama

trabajar

abielluma

casarse

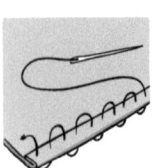

õmblema

coser

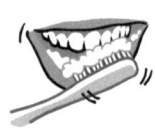

hambaid pesema

cepillarse los dientes

tapma

matar

suitsetama

fumar

saatma

enviar

vanaema
abuela

vanaisa
abuelo

isa
padre

ema
madre

imik
bebé

tütar
hija

poeg
hijo

külaline

invitado

tädi

tía

onu

tío

vend

hermano

õde

hermana

# keha

# cuerpo

otsmik
frente
silm
ojo
õlg
hombro
sõrm
dedo
nägu
cara
lõug
pera
käsi
mano
rind
pecho
jalg
pierna
käsivars
brazo


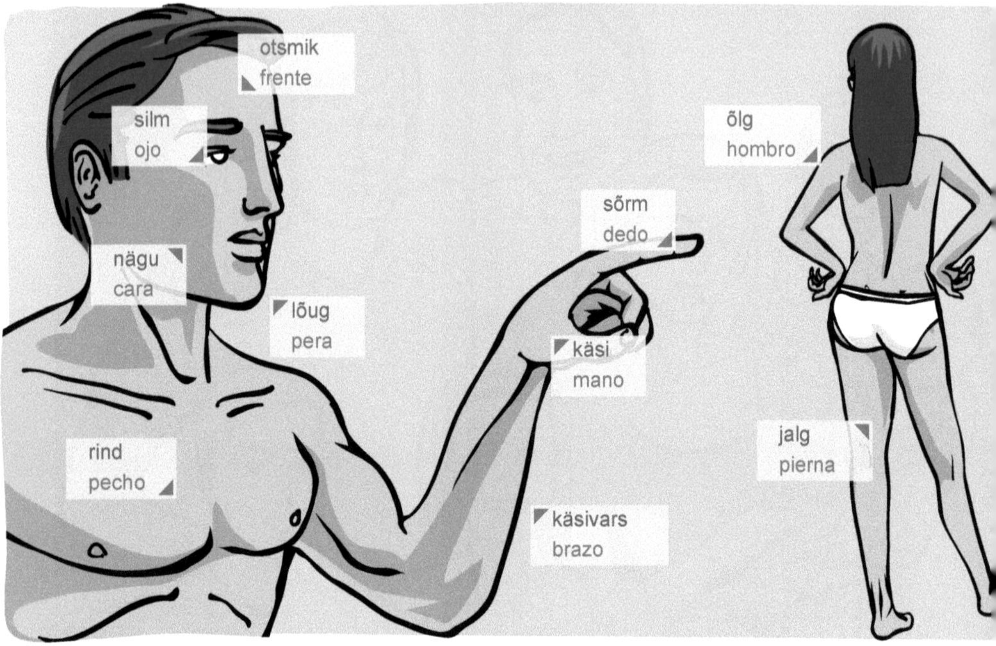

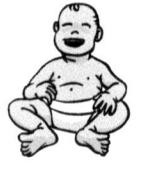

imik

bebé

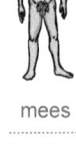

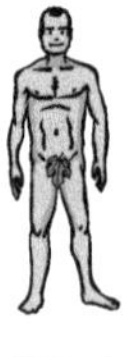

mees

hombre

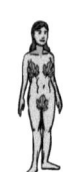

naine

mujer

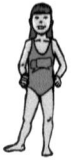

tüdruk

nena

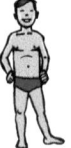

poiss

nene

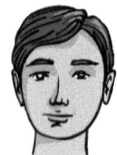

pea

cabeza

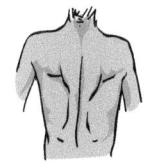

**selg**

espalda

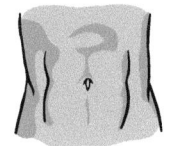

**kõht**

panza

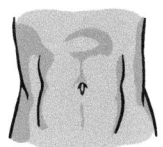

**naba**

ombligo

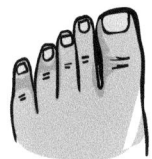

**varvas**

dedo del pie

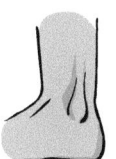

**kand**

talón

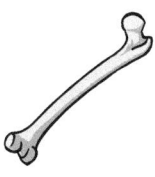

**luu**

hueso

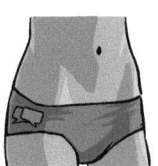

**puus**

cadera

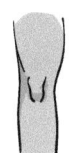

**põlv**

rodilla

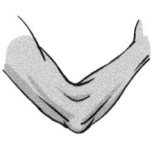

**küünarnukk**

codo

**nina**

nariz

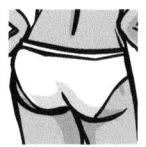

**tagumik**

cola

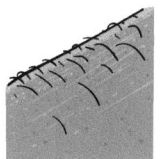

**nahk**

piel

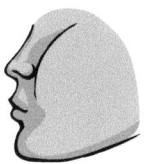

**põsk**

cachete

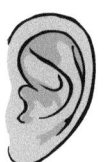

**kõrv**

oreja

**huuled**

labio

keha - cuerpo

suu

boca

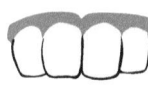

hammas

diente

keel

lengua

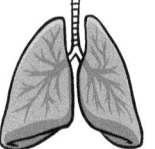

aju

cerebro

süda

corazón

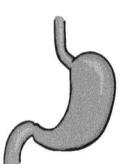

lihas

músculo

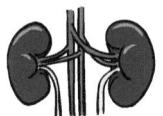

kops

pulmón

maks

hígado

magu

estómago

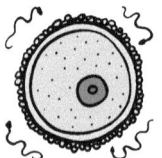

neerud

riñones

seksuaalvahekord

sexo

kondoom

preservativo

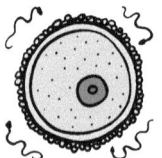

munarakk

óvulo

sperma

semen

rasedus

embarazo

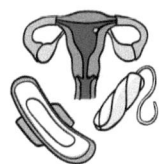

menstruatsioon

menstruación

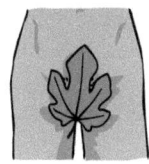

vagiina

vagina

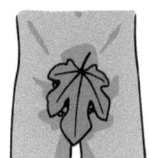

peenis

pene

kulm

ceja

juuksed

pelo

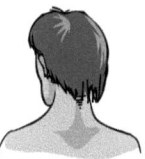

kael

cuello

# haigla
# hospital

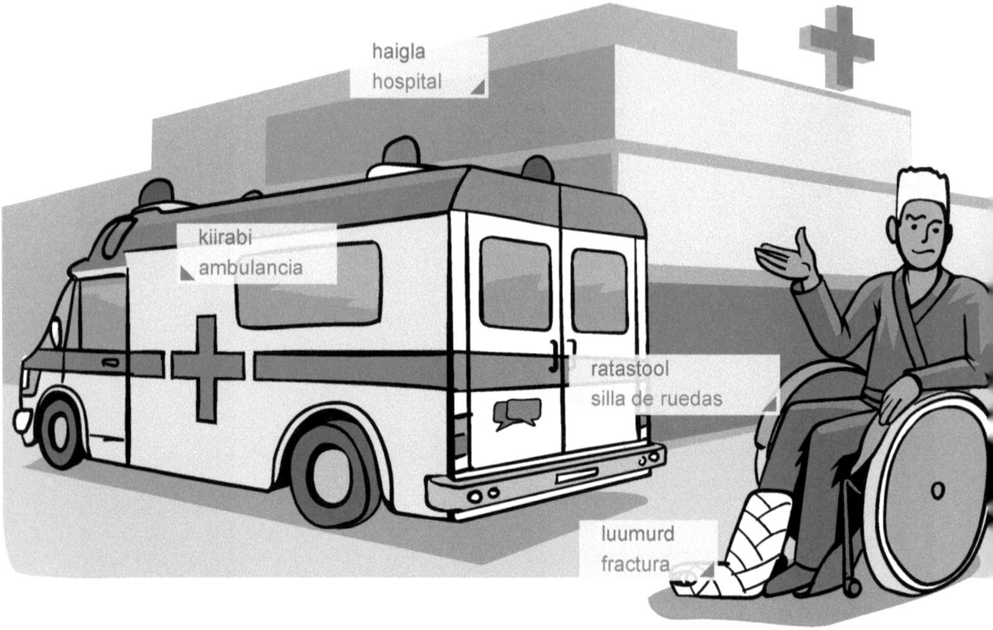

haigla
hospital
kiirabi
ambulancia
ratastool
silla de ruedas
luumurd
fractura


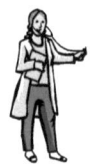

arst
.................
médico

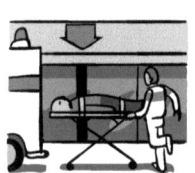

traumapunkt
.................
sala de guardia

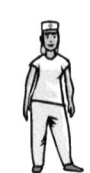

meditsiiniõde
.................
enfermera

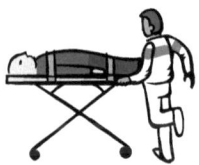

hädaolukord
.................
emergencia

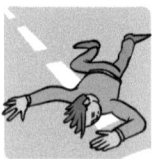

teadvuseta
.................
inconsciente

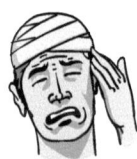

valu
.................
dolor

vigastus

lesión

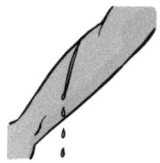

verejooks

hemorragia

südamerabandus

infarto

insult

ACV

allergia

alergia

köha

tos

palavik

fiebre

gripp

gripe

kõhulahtisus

diarrea

peavalu

dolor de cabeza

vähk

cáncer

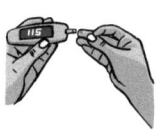

diabeet

diabetes

kirurg

cirujano

skalpell

bisturí

operatsioon

operación

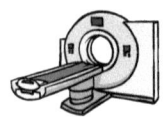

KT

TC

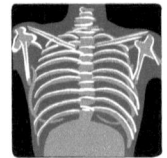

röntgen

rayos x

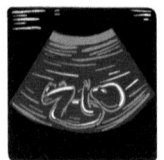

ultraheli

ecografía

mask

barbijo

haigus

enfermedad

ooteruum

sala de espera

kark

muleta

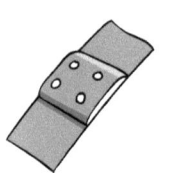

kips

curita

side

venda

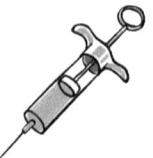

süst

inyección

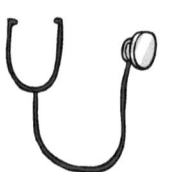

stetoskoop

estetoscopio

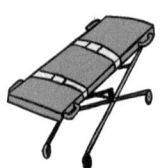

kanderaam

camilla

kraadiklaas

termómetro

sünd

nacimiento

ülekaaluline

sobrepeso

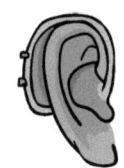

kuuldeaparaat

audífono

desinfektsioonivahend

desinfectante

põletik

infección

viirus

virus

HIV / AIDS

VIH / SIDA

meditsiin

remedio

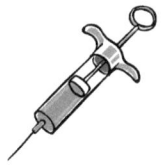

vaktsineerimine

vacunación

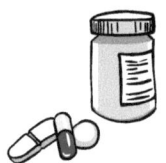

tabletid

comprimidos

pill

pastilla anticonceptiva

hädaabikõne

llamada de emergencia

vererõhuaparaat

tensiómetro

haige / terve

enfermo / sano

Appi!

¡Ayuda!

häire

alarma

kallaletung

agresión

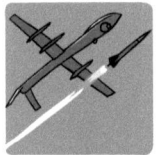

rünnak

ataque

oht

peligro

avariiväljapääs

salida de emergencia

Tulekahju!

¡Fuego!

tulekustuti

matafuego

õnnetus

accidente

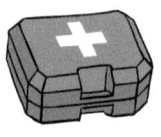

esmaabikomplekt

botiquín de primeros
auxilios

SOS

SOS

politsei

policía

Euroopa

Europa

Põhja-Ameerika

América del Norte

Lõuna-Ameerika

América del Sur

Aafrika

África

Aasia

Asia

Austraalia

Australia

Atlandi ookean

Atlántico

Vaikne ookean

Pacífico

India ookean

Océano Índico

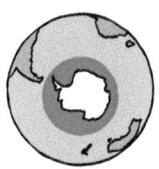

Lõuna-Jäämeri

Océano Antártico

Põhja-Jäämeri

Océano Ártico

põhjapoolus

polo norte

lõunapoolus

polo sur

Antarktika

Antártida

Maa

Tierra

maismaa

tierra

meri

mar

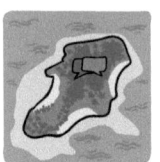

saar

isla

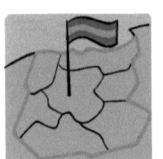

rahvus

nación

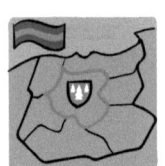

riik

estado

sihverplaat

esfera

tunniosuti

manecilla de las horas

minutiosuti

minutero

sekundiosuti

segundero

Mis kell on?

¿Qué hora es?

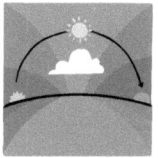

päev

día

aeg

hora

praegu

ahora

digitaalne kell

reloj digital

minut

minuto

tund

hora

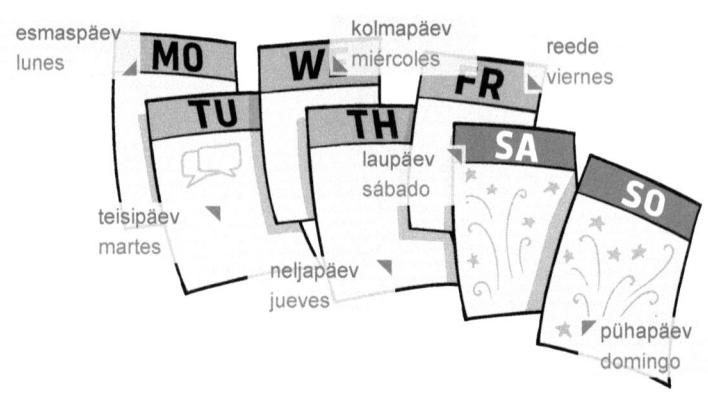

esmaspäev — lunes
kolmapäev — miércoles
reede — viernes
teisipäev — martes
neljapäev — jueves
laupäev — sábado
pühapäev — domingo

eile
ayer

täna
hoy

homme
mañana

hommik
mañana

lõuna
mediodía

õhtu
tarde

| MO | TU | WE | TH | FR | SA | SU |
|----|----|----|----|----|----|----|
| 1 | 2 | 3 | 4 | 5 | 6 | 7 |
| 8 | 9 | 10 | 11 | 12 | 13 | 14 |
| 15 | 16 | 17 | 18 | 19 | 20 | 21 |
| 22 | 23 | 24 | 25 | 26 | 27 | 28 |
| 29 | 30 | 31 | 1 | 2 | 3 | 4 |

tööpäevad
días hábiles

| MO | TU | WE | TH | FR | SA | SU |
|----|----|----|----|----|----|----|
| 1 | 2 | 3 | 4 | 5 | 6 | 7 |
| 8 | 9 | 10 | 11 | 12 | 13 | 14 |
| 15 | 16 | 17 | 18 | 19 | 20 | 21 |
| 22 | 23 | 24 | 25 | 26 | 27 | 28 |
| 29 | 30 | 31 | 1 | 2 | 3 | 4 |

nädalavahetus
fin de semana

# aasta
## año

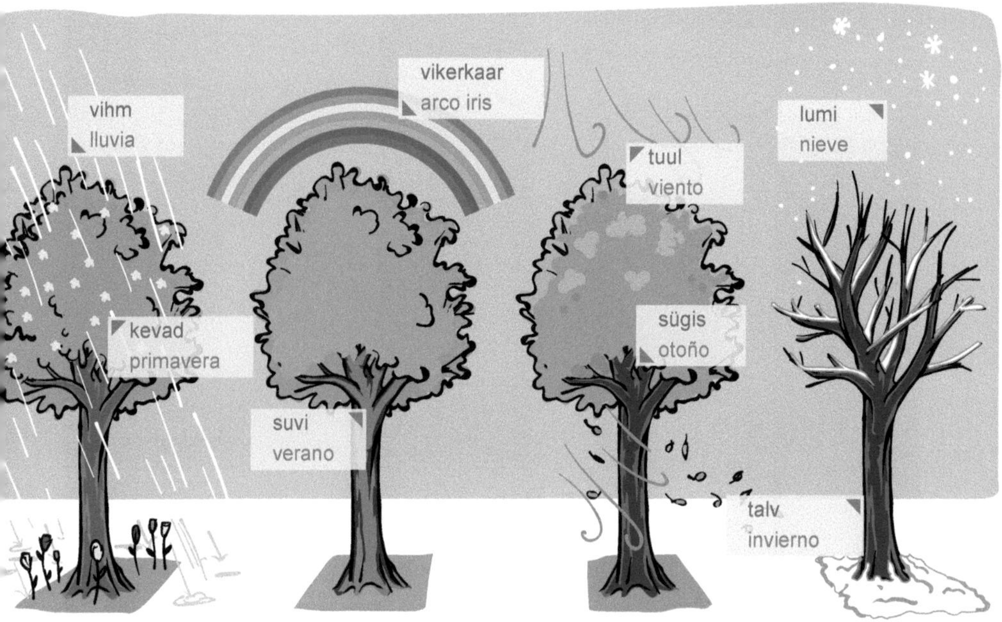

vihm
lluvia
vikerkaar
arco iris
tuul
viento
lumi
nieve
kevad
primavera
suvi
verano
sügis
otoño
talv
invierno


4.APRIL 11°
5.APRIL 4°
6.APRIL 13°
7.APRIL 8°
8.APRIL 10°


ilmaennustus
..................
ronóstico meteorológico

F C
120 40
90 30
60 20
30 10
0 0
-30 -10
-20


termomeeter
..................
termómetro

päikesepaiste
..................
luz del sol

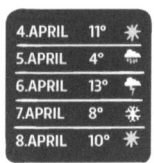

pilv
..................
nube

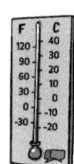

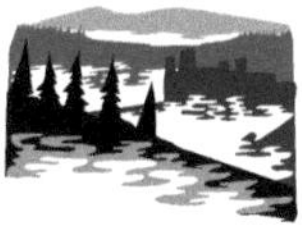

udu
..................
niebla

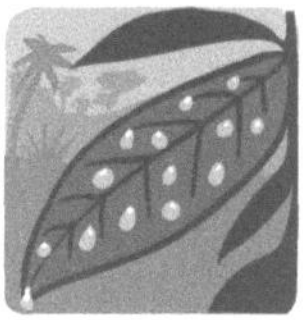

niiskus
..................
humedad

pikne

rayo

kõu

trueno

torm

tormenta

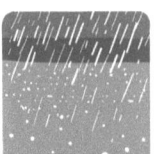

rahe

granizo

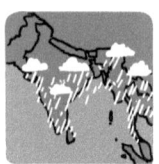

mussoon

monzón

üleujutus

inundación

jää

hielo

jaanuar

enero

veebruar

febrero

märts

marzo

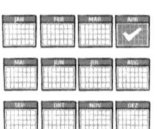

aprill

abril

mai

mayo

juuni

junio

juuli

julio

august

agosto

september
.................
septiembre

oktoober
.................
octubre

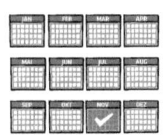

november
.................
noviembre

detsember
.................
diciembre

ring
.................
círculo

ruut
.................
cuadrado

nelinurk
.................
rectángulo

kolmnurk
.................
triángulo

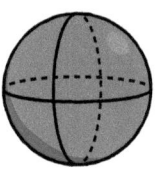

kera
.................
esfera

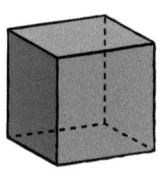

kuup
.................
cubo

# värvid

## colores

valge
blanco

kollane
amarillo

oranž
naranja

roosa
rosa

punane
rojo

lilla
violeta

sinine
azul

roheline
verde

pruun
marrón

hall
gris

must
negro

palju / vähe

mucho / poco

vihane / rahulik

enojado / tranquilo

ilus / inetu

lindo / feo

algus / lõpp

principio / fin

suur / väike

grande / chico

hele / tume

claro / oscuro

vend / õde

hermano / hermana

puhas / must

limpio / sucio

täielik / puudulik

completo / incompleto

päev / öö

día / noche

surnud / elus

muerto / vivo

lai / kitsas

ancho / angosto

söödav / mittesöödav

comestible / no comestible

kuri / sõbralik

malo / amable

põnevil / tüdinud

entusiasmado / aburrido

paks / peenike

gordo / flaco

esimene / viimane

primero / último

sõber / vaenlane

amigo / enemigo

täis / tühi

lleno / vacío

kõva / pehme

duro / blando

raske / kerge

pesado / liviano

nälg / janu

hambre / sed

haige / terve

enfermo / sano

ebaseaduslik / seaduslik

ilegal / legal

tark / rumal

inteligente / estúpido

vasak / parem

izquierda / derecha

lähedal / kaugel

cerca / lejos

uus / kasutatud

nuevo / usado

mitte midagi / midagi

nada / algo

vana / noor

viejo / joven

sees / väljas

encendido / apagado

lahti / kinni

abierto / cerrado

vaikne / vali

silencioso / ruidoso

rikas / vaene

rico / pobre

õige / vale

correcto / incorrecto

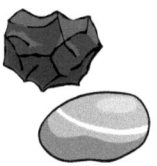

kare / sile

áspero / suave

kurb / rõõmus

triste / contento

lühike / pikk

corto / largo

aeglane / kiire

lento / rápido

märg / kuiv

mojado / seco

soe / jahe

caliente / frío

sõda / rahu

guerra / paz

| **0** | **1** | **2** |
|:---:|:---:|:---:|
| null | üks | kaks |
| cero | uno | dos |

| **3** | **4** | **5** |
|:---:|:---:|:---:|
| kolm | neli | viis |
| tres | cuatro | cinco |

| **6** | **7** | **8** |
|:---:|:---:|:---:|
| kuus | seitse | kaheksa |
| seis | siete | ocho |

| **9** | **10** | **11** |
|:---:|:---:|:---:|
| üheksa | kümme | üksteist |
| nueve | diez | once |

**12**

kaksteist

doce

**13**

kolmteist

trece

**14**

neliteist

catorce

**15**

viisteist

quince

**16**

kuusteist

dieciséis

**17**

seitseteist

diecisiete

**18**

kaheksateist

dieciocho

**19**

üheksateist

diecinueve

**20**

kakskümmend

veinte

**100**

sada

cien

**1.000**

tuhat

mil

**1.000.000**

miljon

millón

inglise

inglés

Ameerika inglise

inglés americano

mandariini

chino mandarín

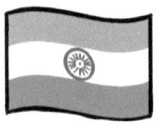

hindi

hindi

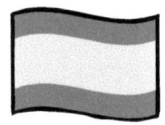

hispaania

español

prantsuse

francés

araabia

árabe

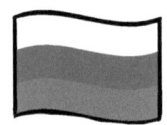

vene

ruso

portugali

portugués

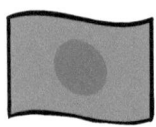

bengali

bengalí

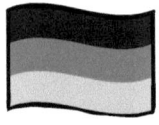

saksa

alemán

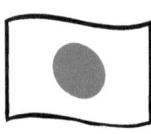

jaapani

japonés

mina

yo

sina

vos

tema

él / ella

meie

nosotros

teie

ustedes

nemad

ellos

kes?

¿quién?

mis?

¿qué?

kuidas?

¿cómo?

kus?

¿dónde?

millal?

¿cuándo?

nimi

nombre

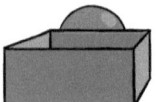

taga

detrás

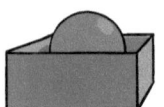

sees

en

ees

adelante de

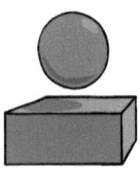

kohal

por encima de

peal

sobre

all

debajo de

kõrval

al lado de

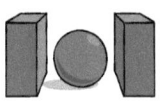

vahel

entre

koht

lugar